LE

TRAITÉ DE PARIS

LE
TRAITÉ DE PARIS

—

APPEL
AUX PUISSANCES COSIGNATAIRES

PARIS
TYPOGRAPHIE GEORGES CHAMEROT
19, RUE DES SAINTS-PÈRES, 19
—
1875

LE
TRAITÉ DE PARIS

I

La cause des Arméniens catholiques plaidée devant le Tribunal des puissances signataires du traité de Paris.

Il y a bientôt cinq ans que le néo-schisme arménien opprime la malheureuse nation arménienne catholique sous le poids de la plus déplorable persécution.

Plusieurs brochures imprimées à Paris, à Rome et à Constantinople, en ont déjà traité à fond, et la presse européenne a donné maintes fois l'exposé historique, indéniable, des faits scandaleux qui furent commis, à diverses époques, par ordre de la Sublime-Porte.

Parmi ces brochures, celle qui a été dernièrement publiée sous ce titre : « *La France, la Porte et le Traité de Paris, à propos de la Question arménienne*, » a été reproduite par plusieurs journaux de l'Europe, et ceux qui voulurent la parcourir ne tardèrent pas d'en reconnaître la haute valeur.

Si dans le monde diplomatique la logique est respectée, le hat impérial de 1856, lequel fait moralement et logiquement partie intégrante du Traité de Paris, d'après les raisonnements de l'auteur dans sa brochure, étant ouvertement déchiré par la Sublime-Porte à l'égard de ses sujets arméniens catholiques, en ce qui concerne l'égalité civile et politique, l'inviolabilité de conscience et du droit de propriété, de domicile et des personnes ; il s'ensuit que l'article ix du Traité de Paris, aux termes duquel les grandes puissances s'interdisent toute immixtion dans les relations de la Sublime-Porte avec ses sujets et dans l'administration intérieure de l'empire ottoman, doit être aussi considéré comme nul et non avenu. Car l'article ix a été inséré dans le Traité de Paris après la promulgation du hat impérial qui devait améliorer le sort des chrétiens en Orient et garantir devant le monde chrétien la liberté du culte des populations chrétiennes en Turquie. C'est à la suite de la communication dudit firman faite par la Porte-Ottomane aux puissances contractantes que celles-ci en prirent acte, en constatèrent la haute valeur, et s'interdirent de s'immiscer dans les rapports de S. M. I. le sultan avec ses sujets. Ainsi l'exclusion des puissances signataires du Traité de Paris n'est que le corollaire de cet acte formel et solennel du gouvernement ottoman, ainsi que des engagements pris par lui vis-à-vis de ses sujets chrétiens.

Il est bon de noter ici que, comme le hat impérial avait été rédigé par la Sublime-Porte sur le *mémorandum collectif* des trois ambassadeurs des grandes puissances, de même l'article ix avait été inséré dans le Traité de Paris, sur la déclaration officielle que la Sublime-Porte avait faite à ces puissances par le mémorandum d'Aali pacha, donnant au nom des intérêts de son gouvernement toute garantie pour les droits des chrétiens. « La Turquie, disait-il dans ce mé-
« morandum, a tout droit d'attendre de tous les hommes
« d'État justes et éclairés une sérieuse appréciation de vé-
« rités aussi incontestables.... C'est d'elle-même, et pour
« aller au-devant des vœux de ses alliés, que dans les der-
« niers temps la Sublime-Porte a confirmé et étendu les pri-

« viléges religieux des chrétiens, et qu'elle a annoncé l'amé-
« lioration aussi rapide que possible de la situation de ses
« sujets sans distinction de race, ni de religion. C'est en face
« du monde, et pour répondre de la manière la plus écla-
« tante aux calomnies de la Russie, que ces améliorations ont
« été réalisées, et qu'ont été promis ces nouveaux progrès.
« Si les déclarations les plus franches et les plus éclatantes
« ne paraissent pas suffisantes aux puissances alliées de la
« Sublime-Porte, qui se croient en devoir de ne rien négli-
« ger pour assurer le sort de leurs coreligionnaires, quels
« gages meilleurs pourrait-on imaginer, que ceux qui dé-
« coulent de l'intérêt même du gouvernement du sultan à
« rendre heureux et prospères tous ses sujets, quelle que
« soit leur religion ? L'Europe peut-elle trouver une sécurité
« plus complète que celle qui résulte de cette garantie mo-
« rale venant confirmer les plus sincères et les plus écla-
« tantes assurances spontanément données ? »

C'est après cet appel à tous les sentiments de loyauté, d'humanité, de justice et de logique, que l'article IX a été inséré dans le Traité de Paris.

Je laisse de côté les faits qui eurent lieu à diverses époques, et qui sont si contraires à ce langage du gouvernement du sultan. Il me suffit de dire que la gravité des actes odieux perpétrés par la Sublime-Porte envers ses sujets chrétiens est le désaveu le plus formel et le plus éclatant des solennelles assurances spontanément données en face du monde. De plus, elle justifie les plaintes de la Russie, qui venaient d'être qualifiées par Aali pacha, dans son mémorandum, par ce nom odieux : les *calomnies russes*.

Il n'est donc pas surprenant que, parmi les ministres ottomans, ceux qui avaient été compromis dans la question arménienne aient élevé leur voix contre cette brochure.

Le grand vizir Avni pacha, qui, dès le jour de son avénement au poste du grand viziriat, avait mis toute sa gloire à persécuter les sujets catholiques de S. M. I. le sultan, a voulu s'en venger en donnant l'ordre à la police d'empêcher la vente et la circulation de cette brochure.

Oui, en Turquie, il est défendu de critiquer même les actes les plus illégaux de la Sublime-Porte (1). Les chrétiens pourraient être victimes de toute oppression musulmane, et personne n'aurait le droit d'en faire des plaintes, tandis que le gouvernement du sultan ne doit être pour ceux-ci qu'un maître absolu, délié de tout engagement et exerçant au moyen du terrorisme militaire une intolérable autorité.

Aux yeux de ces ministres, c'était toujours la Russie qui calomniait les Turcs, lesquels sont gens honnêtes et dignes de toute la sympathie de l'Europe. Voilà l'idée que la prétention ottomane s'est efforcée de propager à l'égard de cette brochure.

Mais, à une époque où l'opinion publique est devenue le juge souverain de toutes les questions politiques et nationales, elle ne peut qu'apprécier la haute valeur de cette publication et confirmer, par son adhésion, les vérités qu'elle énonce. Car l'opinion publique a été tenue au courant par les rapports de plusieurs représentants à leurs gouvernements respectifs, aussi bien que par les renseignements de la presse tant libérale que religieuse de l'Europe, laquelle, depuis bientôt deux ans, ne cesse de publier les faits scandaleux qui se sont accomplis en Turquie, contre l'inviolabilité de la liberté de conscience, du domicile, de la propriété et des personnes dans cette malheureuse question arménienne.

Non, l'Europe ne peut pas reconnaître dans la force le droit d'un empire, dont l'existence se trouve sous sa garantie. D'un bout à l'autre, elle s'est déjà prononcée par la presse. L'empire ottoman n'est admis dans le concert euro-

---

(1) Cela n'est pas moins défendu aux étrangers. On sait que récemment l'entrée de l'*Univers* a été interdite en Turquie, parce que ce journal continuait de signaler à l'indignation de l'Europe les attentats commis contre les catholiques.

péen que grâce au Traité de Paris; il ne vit dans son intégrité territoriale qu'en vertu du même Traité. Donc, toute atteinte portée par lui aux clauses de ce Traité, n'est qu'un coup fatal porté à son intégrité. Car l'on ne peut ignorer à Constantinople que c'est uniquement en raison du respect scrupuleux de ses engagements et de la foi aux traités que la domination ottomane pourrait se maintenir en Europe.

II

La justification du Saint-Siége par rapport à la publication de la bulle *Reversurus*.

Parmi les ministres turcs, ceux qui, dès le commencement, avaient été compromis dans la question arménienne, voulant se dégager de la grande responsabilité qu'ils ont encourue devant l'Europe par la violation du hat impérial et du Traité de Paris, ont eu l'audace de prétendre que ce n'est pas une persécution que la Sublime-Porte exerçait envers ses sujets catholiques, mais bien une défense, le Pape lui-même ayant déclaré la guerre à la Turquie, par la publication de la bulle *Reversurus*.

Rien n'est plus audacieux que cette assertion.

Deux choses, notons-le, sont à considérer dans la question arménienne : d'une part, la bulle *Reversurus*; d'autre part, le principe de l'inviolabilité de la liberté de conscience, de propriété, de domicile et d'individus. Or, ce principe n'admet aucune contestation d'après les clauses formelles et solennelles du hat impérial, ainsi que d'après celles du Traité de Paris. Quant à la bulle, admettons pour un moment qu'elle puisse être sujette à contestations. Admettons que la Porte-Ottomane puisse avoir des griefs contre le Saint-Siége; il ne lui est pourtant pas permis de l'attaquer si ce n'est dans les limites qui lui furent tracées par ses engagements vis-à-vis des grandes puissances de l'Europe, et envers les chrétiens, ses sujets. Suivant ces engagements, le gouvernement du sultan s'est interdit d'entrer dans le domaine d'appréciation des principes religieux professés par les communautés chrétiennes, et de se constituer juge souverain des questions dogmatiques et ecclésiastiques qui surgissent au sein de ses sujets chrétiens, ainsi qu'il résulte même de la note officielle de Server pacha, en date du 27 septembre 1871.

Or, est-ce dans les limites de ses engagements que la Sublime-Porte a constitué une nouvelle Église officielle avec un nouveau patriarcat, portant le titre d'*arméno-catholique,* et cela dans la personne d'un ecclésiastique excommunié et formellement expulsé du giron de l'Église catholique ? Est-ce dans le domaine de ses droits civils, que le gouvernement du sultan, malgré le principe de la liberté de conscience, a contraint ses sujets catholiques à se soumettre à un *chef spirituel* que leur conscience ne peut pas admettre comme catholique, et cela sous peine de perdre le nom, les droits et les priviléges qui appartiennent aux catholiques ? Est-ce, enfin, dans la sphère de son autorité, que la Sublime-Porte a envahi par la force militaire et usurpé les églises, les écoles, les couvents et les biens de la fabrique des Arméniens catholiques, en les remettant entre les mains des dissidents ? Pour aplanir les difficultés soulevées contre la bulle *Reversurus,* était-il nécessaire d'avoir recours à la violation de la liberté de conscience et du libre exercice du culte ?

Non, à un gouvernement, dont l'existence est garantie par les puissances chrétiennes, sur sa promesse formelle et solennelle de respecter l'inviolabilité de la liberté de conscience, du domicile et des personnes, il est strictement défendu d'exercer une pareille oppression à l'égard de ses sujets chrétiens. La Porte-Ottomane ne s'est jamais trouvée dans la triste nécessité de persécuter les catholiques et de leur imposer l'abjuration de leur foi. C'est une situation qu'elle-même a voulue et créée.

En effet, le gouvernement du sultan, après avoir pris connaissance du contenu de la bulle *Reversurus*, considérant qu'elle ne renfermait que des dispositions canoniques, n'ayant aucun rapport avec le droit de l'État, avait accordé, en 1867, à Mgr Hassoun le bérat impérial signé par le sultan lui-même, en vertu duquel le prélat était reconnu officiellement et solennellement en sa nouvelle qualité de patriarche des Arméniens catholiques, suivant les dispositions de la bulle *Reversurus*. Le gouvernement turc de 1867 n'avait trouvé dans les dispositions de ladite bulle aucune atteinte portée aux droits souverains de S. M. I. le sultan, non plus qu'aucune déclaration de guerre faite par le Saint-Siége à la Turquie par la publication de cette bulle, et c'est ce que Fuad pacha avait hautement déclaré aux factieux. La Sublime-Porte avait donc perdu tout droit de crier plus tard à l'empiétement de la cour pontificale, après avoir fait cette déclaration, et avoir accordé à S. B. Mgr Hassoun la reconnaissance officielle de son patriarcat institué par la bulle *Reversurus*.

Mais ce n'est pas le seul motif de justification à produire en faveur du Saint-Siége. Car il y a bien d'autres faits, qui font ressortir la justice de cette cause de la manière la plus éclatante.

La bulle de 1867 n'était pas un nouvel acte pontifical, inconnu et ignoré par le gouvernement, comme l'ont prétendu quelques ministres turcs. Il nous suffit de constater que ladite bulle n'a nullement changé ni modifié l'ancien régime ecclésiastique de la communauté arménienne catholique de Constantinople, régime qui avait été officiellement reconnu par la Sublime-Porte.

En effet, l'Église de Constantinople est régie actuellement par cette bulle *de la même manière qu'elle était régie depuis* 1830, époque de l'émancipation des Arméniens catholiques. Elle n'a rien changé, rien altéré dans la constitution arménienne, laquelle avait reçu un caractère officiel en 1853, par suite de la reconnaissance officielle qui avait été faite du règlement organique *licet* par le gouvernement du sultan, et plus tard, en 1857, par la reconnaissance officielle de S. B. Mgr Hassoun comme archevêque de Constantinople et primat de toutes les provinces adjacentes, en vertu du bérat du 3 chaban.

On sait que, durant les années 1851 et 1852, et faute de relation directe, la Porte-Ottomane avait traité du mode d'élection des évêques arméniens catholiques avec le Saint-Siége, par l'entremise de l'ambassade de France, en y employant les soins de M. le marquis de Lavalette, alors ambassadeur à Constantinople, ainsi que les documents le constatent. C'est à cette époque que, sur le mode de l'élection des évêques, une entente avait été établie dont le résultat avait été formulé dans une *Instruction* connue sous le nom de *Licet*, publiée le 30 août 1853. Dès lors, elle avait été mise en pleine exécution dans les États du sultan.

En 1867, le Saint-Siége n'a fait que conserver, par la bulle *Reversurus*, le système que la Sublime-Porte avait déjà reconnu officiellement, et l'appliquer aussi aux diocèses de Cilicie, dont la constitution ecclésiastique n'était nullement reconnue ni approuvée par le gouvernement du sultan, et qui, partant, tenaient à être annexés au siége de Constantinople avec l'agrément du même gouvernement.

Ainsi la bulle *Reversurus* n'est que la reproduction de la constitution *Licet*. Si les dispositions de celle-ci sont attentatoires aux droits de l'État, ce n'est ni logique, ni politique d'en rejeter la faute sur la cour romaine, qui les a acceptées et toujours respectées, mais il faudrait en accuser Rechid Fuad et Aali pacha, qui ont négocié ces dispositions avec le Saint-Siége, et qui les ont sanctionnées en les appliquant publiquement et officiellement durant quatorze années entières. Or, l'on ne peut raisonnablement supposer que dans cette constitution, qui était négociée au nom de la Sublime-

Porte, ces éminents hommes d'État, dont la mort a été regrettée par toute l'Europe, aient commis un acte de lèse-trahison en acceptant des points attentatoires à la dignité et aux droits du gouvernement; par suite, il est absurde de trouver dans la bulle *Reversurus* une déclaration de guerre faite par le Saint-Siége à la Turquie; conséquemment il est bien clair que ce n'est qu'une pure calomnie inventée par quelques ministres turcs persécuteurs de l'Église arménienne-catholique.

Mais on nous dira peut-être que la bulle *Reversurus* a porté atteinte aux priviléges et aux droits de l'Église catholique de Cilicie.

Nous répondons.

Le Saint-Siége n'a fait que généraliser une loi qui avait été officiellement reconnue par la Sublime-Porte, en l'appliquant aussi à l'Église de Cilicie, lors de son annexion à celle de Constantinople. Qu'on nous prouve que cette loi devient attentatoire aux droits souverains, lorsqu'elle vient à être appliquée à d'autres diocèses nouvellement soumis dans l'empire ottoman à la juridiction du chef spirituel de l'Église arménienne-catholique de Constantinople.

Mais il y a plus, la loi qui régissait le siége de Cilicie, ainsi que nous l'avons dit, n'était nullement reconnue par la Sublime-Porte. De quel droit, donc, peut-elle répudier la constitution du siége de Constantinople, qu'elle avait elle-même négociée, pour accepter celle de Cilicie qu'elle n'avait pas reconnue et qui n'avait été l'objet d'aucune négociation avec le Saint-Siége? Si ce n'est que pour venir en aide aux prétentions des dissidents, ses protégés, la Sublime-Porte doit se rappeler qu'il ne lui est pas permis d'intervenir, en qualité de juge compétent, dans les questions religieuses et ecclésiastiques qui éclatent au sein des différentes communautés chrétiennes en Turquie. Sinon, elle viole non-seulement la loi fondamentale et traditionnelle de l'empire ottoman, qui exige la non-intervention et immixtion dans les affaires religieuses des communautés sujettes, mais une des clauses les plus formelles et solennelles du traité de Paris, concernant la liberté de conscience, ainsi que Server pacha lui-même l'avait déclaré au Saint-Siége au nom de la Sublime-Porte, dans la note officielle du 27 septembre 1871, adressée à S. E. Mgr Franchi, ambassadeur extraordinaire du Saint-Siége auprès du gouvernement ottoman, aujourd'hui cardinal de l'Église romaine et préfet de la sainte Congrégation de Propagande. Le ministère ottoman faisait alors la déclaration suivante au nom de la Sublime-Porte :

« Le gouvernement impérial a, de tout temps, confié la
« gestion des affaires spirituelles des différentes commu-
« nautés de l'Empire à ces communautés elles-mêmes *et à*
« *leurs Églises. Tous ses actes, ainsi que le traité de Paris lui-*
« *même, le prouvent suffisamment*. La Sublime-Porte a donc
« toujours obéi aux devoirs que lui *imposent* le soin de sa
« dignité et *sa foi aux traités*, en s'abstenant de toute pensée
« et de tout acte de nature à *anéantir ou à affaiblir ses enga-*
« *gements et ses promesses, par la discussion des questions* qui sont
« du domaine *spirituel.* »

Après une pareille déclaration, toute immixtion de la part de la Sublime-Porte dans la question intérieure des priviléges et des droits ecclésiastiques du siége de Cilicie était, de l'aveu même du gouvernement, contraire à sa politique traditionnelle aussi bien que préjudiciable à ses véritables intérêts.

Que si, nonobstant, la Sublime-Porte voulait défendre la cause du parti factieux, il est bien clair qu'elle se chargeait d'un lourd fardeau en se constituant l'avocat d'une cause qui, au point de vue national, était illégale, et par conséquent juridiquement perdue.

Il faut redire, en effet, que ce n'est pas l'Église de Constantinople qui avait demandé l'annexion, mais bien celle de Cilicie. Il était donc naturel que celle-ci adoptât le système de celle-là. Mais ce qui est le plus décisif, c'est que les diocèses de l'Église de Cilicie avaient de leur plein gré accepté et reconnu le système de l'Église de Constantinople; ils n'avaient pas soulevé la moindre difficulté. Or, si les diocèses de Cilicie, qui seuls étaient intéressés dans la question des priviléges, n'avaient formulé aucune plainte, à l'exception de quelques individus, quel droit la Sublime-Porte a-t-elle de protéger une minime fraction des administrés de l'Église de Constantinople, dans la question des priviléges d'un siége dont ils ne relevaient pas? Est-ce que les diocèses de Cilicie avaient délégué le gouvernement du Sultan pour plaider leur cause? La Sublime-Porte n'a qu'à consulter les nombreuses protestations que les évêques, le clergé et les administrés de tous les diocèses de Cilicie lui avaient envoyées dans ces trois dernières années, contre son immixtion dans les affaires ecclésiastiques pour être assurée du contraire. Aussi l'avocat des dissidents, n'ayant plus pour lui ni le droit, ni la force de la loi, ni celle des traités, eut recours à la plus atroce persécution.

III

**La justification du Saint-Siége par la politique
du feu grand vizir Aali pacha.**

Quelques ministres turcs, visiblement peu au courant de la politique inaugurée par feu le grand vizir Aali pacha, ont prétendu qu'à la mort de l'illustre homme d'État, la Sublime-Porte n'a fait que suivre la conduite tracée par lui-même dans la question arménienne. Mais c'est une pure calomnie d'accuser ainsi le défunt grand vizir d'avoir trahi la politique traditionnelle de son gouvernement, ou bien encore d'avoir légué à son gouvernement des projets qu'il n'aurait jamais admis.

En effet, pendant toute sa vie politique, Aali pacha n'avait en vue que de dégager la Sublime-Porte, autant que possible, de l'immixtion des ambassades de France et d'Autriche dans les affaires des catholiques d'Orient, et d'arriver à régler directement les affaires politico-religieuses de ces populations catholiques avec le Saint-Siége. L'accueil empressé que la cour romaine avait fait à Fuad pacha, lors de son passage à Rome en 1868, et les notes adressées par lui à Aali pacha au sujet des entretiens qu'il avait eus avec S. É. le cardinal Antonelli, avaient animé son désir de nouer avec le Saint-Siége des relations directes, lesquelles n'avaient pas existé jusqu'alors. Ce fut dans ce but qu'en 1869, au mois de février, il avait envoyé à Rome un de ses secrétaires privés qui, de retour à Constantinople, avait rendu compte du résultat de ses démarches, dans un rapport en date du 21 mars 1869. Dès ce temps-là, des relations confidentielles avaient été établies entre le Saint-Siége et la Sublime-Porte. Vers la fin de la même année, la question arménienne, qui était déjà assoupie par l'énergie de la politique de Fuad pacha, prit tout à coup, après sa mort, une nouvelle vigueur. Le parti des dissidents, protégé par M. Bourée, ambassadeur de France près le gouvernement impérial, se prit à réclamer les droits et les priviléges du siége de Cilicie, voulant en même temps priver Mgr Hassoun de ses fonctions.

Il est regrettable de relater ici les incidents qui ont déterminé M. Bourée à prendre le parti de ces révoltés.

La conduite d'Aali pacha en cette circonstance, ainsi que le confirme le Mémoire remis après sa mort par son secrétaire privé à Server pacha, alors ministre des affaires étrangères (sur la demande de celui-ci), le 20 septembre 1871, à l'endroit des prétendus priviléges réclamés par les dissidents, était toute tracée d'avance; c'est-à-dire « que la « Porte-Ottomane ne devait prendre parti ni pour les has- « sounistes, ni pour les anti-hassounistes, et qu'elle devait « tâcher de les amener à la réconciliation. »

Aux yeux donc du feu grand vizir, de même que le cri de *défense des droits souverains* semblait un jeu de mots aussi calomnieux pour les catholiques que nuisible aux vrais intérêts du gouvernement impérial, de même les plaintes des dissidents au sujet de la prétendue altération des droits et priviléges ecclésiastiques paraissaient déplacées et sans fondement.

Si, pendant le grand viziriat d'Aali pacha, le gouvernement du sultan s'est immiscé dans cette question en se déclarant intermédiaire entre la cour de Rome et ses sujets arméniens catholiques, ce ne fut, comme le relate ledit Mémoire, que par des considérations d'une véritable importance; d'abord, pour couper court à l'action de l'ambassade de France, représentée par M. Bourée, dont le rôle dans cette affaire devenait prédominant ; ensuite, pour marquer un pas de plus vers la réalisation des projets dont Aali pacha avait pris l'initiative, projets auxquels le gouvernement du sultan avait attaché de grands avantages.

Dans ce but, Aali pacha envoya des instructions à Rustem bey, alors ministre ottoman à Florence, et l'ordre en même temps de se rendre à Rome. Mais ces négociations échouèrent par la faute de Rustem bey, comme l'avoua plus tard à plusieurs personnes feu le grand vizir lui-même.

C'est le jour des malheurs de la France qu'Aali pacha avait choisi pour la réalisation de ses projets. Dans ce but, pendant qu'il dénonçait le caractère officiel de Mgr Hassoun, avec le dessein de contraindre le Saint-Siége d'entrer en négociations avec la Sublime-Porte, il invitait son secrétaire privé, qui, depuis le mois de mars 1869, était établi comme intermédiaire confidentiel entre la cour de Rome et le gouvernement du sultan, à suggérer au Saint-Siége l'idée de l'envoi d'un nonce de Sa Sainteté. La concession était grande et souffrit quelques difficultés, mais enfin la politique d'Aali pacha triompha des ménagements que le Saint-Siége observait d'abord vis-à-vis des puissances catholiques, jalouses de leur influence en Orient, et Mgr Franchi, au mois d'avril 1871, arriva à Constantinople en qualité d'ambassadeur extraordinaire de la cour de Rome près la Sublime-Porte.

Aali pacha posa immédiatement les bases suivantes des négociations (1). En ce qui concerne le gouvernement impérial, il demanda au nom du gouvernement : 1° de régler le différend arménien-catholique directement entre l'ambassadeur du Saint-Siége et la Sublime-Porte, écartant ainsi toute intervention étrangère ; 2° d'obtenir de la cour de Rome que

---

(1) Nous ne ferons que relater ici le contenu des documents qui se trouvent entre les mains du gouvernement du sultan.

le patriarche et les évêques arméniens catholiques fussent toujours choisis parmi les ecclésiastiques dévoués au gouvernement impérial et sur la fidélité desquels il puisse compter ; 3° d'obtenir la déclaration solennelle que le Saint-Siége conservera le droit de patronage tel qu'il existait pour la gestion des biens ecclésiastiques de la Communauté sis dans l'Empire ottoman.

En ce qui concerne la Communauté arménienne-catholique, Aali pacha demanda, *à titre d'intermédiaire* et sans la moindre prétention de droit, mais seulement pour calmer les dissidents et pour désarmer certains ministres qui cherchaient à se prévaloir de cette question pour susciter les rancunes de la Porte contre le Saint-Siége : 1° d'assurer le maintien des rites orientaux déjà légitimement reconnus ; 2° d'accorder une part à la population arménienne catholique dans la nomination des évêques ; 3° de rendre au patriarche le privilége d'expédier le bref patriarcal aux évêques.

De longues négociations eurent lieu à cet effet entre le grand vizir et le nonce apostolique ; elles aboutirent au résultat suivant :

En ce qui concerne le gouvernement impérial, Mgr Franchi accepta : 1° d'écarter toute intervention des ambassades, quoiqu'elles lui eussent, à plusieurs reprises, offert leur coopération ; 2° il consentit à ce que le patriarche et les évêques, non-seulement fussent choisis parmi les ecclésiastiques dévoués au gouvernement impérial, mais encore à ce qu'ils prêtassent, après leur institution canonique, serment de fidélité à S. M. I. le sultan et à son gouvernement ; 3° il déclara que les dispositions de la bulle *Reversurus* relatives aux biens ecclésiastiques ne porteraient aucune atteinte aux droits légitimes du gouvernement, ni à ceux des patrons.

En ce qui concerne la communauté arménienne catholique, Mgr Franchi déclara au nom du Saint-Père : 1° que les mesures disciplinaires que le Saint-Siége a établies pour le patriarcat de Cilicie laisseraient intacts les rites de l'Église arménienne; 2° que les populations des siéges épiscopaux vacants donneraient, conjointement avec le clergé du diocèse et suivant les formules établies, le témoignage en faveur d'un certain nombre de candidats en vue de la provision desdits siéges, ainsi que la présentation des listes relatives au synode patriarcal; 3° que le patriarche confirmé par le Pape pourrait délivrer aux évêques nouvellement élus des brefs pour leur conférer ensuite le sacre épiscopal.

En vertu de cette entente établie avec le Saint-Siége, le gouvernement ottoman promit à Mgr Franchi : 1° de reconnaître officiellement le patriarche, de régulariser la situation de l'Église arménienne catholique, et de reconnaître solennellement la communauté comme seule arménienne catholique; 2° de restituer à cette communauté les églises et autres établissements pieux avec leurs biens et revenus, et de les préserver de toute spoliation; 3° de défendre à tous ceux qui n'appartiennent pas à cette communauté de porter le nom d'Arméniens catholiques, ainsi que les insignes du clergé arménien catholique; 4° de faire délivrer le bérat au patriarche et aux évêques élus selon le mode précédent, après qu'ils auront prêté le serment de fidélité.

L'entente ayant été établie sur ces bases, il fut convenu entre les deux dignitaires de diviser la teneur de cet arrangement en deux parties, dont l'une ferait l'objet d'une bulle spéciale proclamée par S. S. le Pape, et l'autre l'objet d'une convention sanctionnée des deux parts par un échange de lettres officielles.

En attendant, quelques ministres turcs, d'accord avec les chefs des dissidents, avaient formé un comité, dit de *Tchoubouctou*, village situé sur la côte asiatique du Bosphore, que présidait Rouchedi pacha le muterdjim, et dont le but avoué était de combattre le prestige et l'autorité d'Aali pacha; dans ce dessein, il faisait tous ses efforts afin d'empêcher la réalisation de l'entente établie entre le Saint-Siége et Aali pacha. Le mémoire de Rouchedi pacha contre la bulle *Reversurus* et les vrais catholiques date de cette époque, et l'on n'en sera pas surpris si l'on sait que ce mémoire du soi-disant diplomate de l'empire était plein de faussetés, d'anachronismes, d'assertions anticanoniques et d'erreurs de fait et de droit, destinées à exciter le fanatisme ottoman contre la politique d'Aali pacha.

On en jugera par ce qui suit : « Après avoir remporté
« cette victoire, il est probable que Rome, jusqu'à ce
« qu'elle ait complétement pris position et conduit l'affaire à
« maturité, agira d'une manière qui, durant un certain
« temps, montrera toute sa satisfaction pour la Porte; mais
« les choses de ce monde ne vont pas toujours de la même
« manière, et, quoique cet exemple ne soit pas applicable ici
« (quel magnifique aveu, et en même temps quelle flagrante
« contradiction!), de nombreux faits en ont, pourtant, démon-
« tré la vérité. Ce serait une grande erreur de croire que tel
« homme qui, pour un motif quelconque, n'a pas fait usage
« du glaive dont sa main est armée, ne s'en servira pas le
« lendemain.

« Ainsi le bérat des priviléges et les firmans accordés à
« certains princes européens par Sultan Suleïman, comme
« simple marque de reconnaissance de leur sincérité et de
« leur amitié pour sa personne, ont pris peu à peu, depuis
« l'affaiblissement, selon les décrets divins, de la Turquie,
« et le développement de la puissance de ces derniers, la
« forme de traités, voire même de *Capitulations,* et l'on sait
« quels sont les dommages et les difficultés que nous avons
« à supporter par suite de ces actes. »

Nous laissons au lecteur le soin de porter le jugement qui convient sur un pareil galimatias.

En attendant, les paroles du *muterdjim,* puisées, suivant quelques naïfs, aux aspirations d'un ardent patriotisme, n'étaient au fond que l'expression de sa haine mal déguisée contre le christianisme et de sa jalousie personnelle contre le renom d'Aali pacha. Elles eurent pour effet d'égarer l'opinion des mahométans, en les excitant contre les Arméniens catholiques, désignés dès lors comme *rebelles* au gouvernement ottoman et comme ennemis des droits souverains de S. M. I. le sultan.

Aali pacha comprit aussitôt qu'il était nécessaire de le réfuter, dans l'intérêt de la Turquie, par un contre-mémoire, et il avait commencé ce travail, mais il n'a pu malheureusement le terminer à cause de la maladie qui amena son décès. L'original de cette œuvre inachevée est conservé chez son fils Aali-Fuad bey.

Tel était le point où en était arrivée la question arménienne au moment de la mort de l'homme d'État illustre que nous sommes unanimes à regretter.

Server pacha, qui n'avait succédé au poste d'Aali pacha que comme ministre des affaires étrangères, sans pouvoir le remplacer, n'eut garde, pendant le grand viziriat de Mahmoud, et afin de réaliser cette politique de janissarisme inaugurée par Ruchedi muterdjim, de faire sanctionner par le sultan la solution du différend arménien, qui était déjà terminée en principe et ratifiée par la cour de Rome. Il renvoya donc le représentant du Saint-Siége en lui remettant une note officielle contenant les déclarations les plus formelles du gouvernement du sultan, que nous avons reproduites plus haut, et qui emportait la condamnation solennelle de la conduite de la Sublime-Porte vis-à-vis de l'Europe.

D'après cet exposé que nous avons fait de la politique d'Aali pacha dans l'affaire arménienne, il est évident que ce serait une calomnie de l'accuser comme auteur et cause de la déplorable situation créée à l'Église arménienne catholique, après la mort de cet homme illustre. D'ailleurs, il est bien clair qu'on n'en devrait accuser que ceux qui lui succédèrent au grand viziriat, aussi bien qu'au ministère des affaires étrangères, et qui foulèrent aux pieds les devoirs que leur imposait le soin de la dignité du gouvernement et de la foi aux traités.

Désormais, et en face de telles preuves, qui donc pourrait avoir encore le triste courage de dire que c'est la cour de Rome qui a déclaré la guerre à la Turquie ?

IV

La justification des Arméniens catholiques devant le conseil des ministres.

Comme nous l'avons dit plus haut, la Porte Ottomane, aussitôt après la mort d'Aali pacha, avait solennellement promis à Mgr Franchi, par une note officielle du 27 septembre 1871, qu'elle s'abstiendrait, *sur la foi due au Traité de Paris,* de s'immiscer aucunement dans la discussion des questions qui étaient du domaine spirituel.

Or, immédiatement après le départ du représentant du Saint-Siége, le gouvernement du sultan s'est érigé en juge dans la question arménienne catholique, malgré tous ses engagements et toutes ses promesses, et cela en donnant à la bulle *Reversurus,* par de fausses interprétations puisées au mémoire du muterdjim Rouchedi pacha, un sens erroné, en y contestant des points essentiellement ecclésiastiques, spécialement celui du droit du Saint-Siége dans l'élection des évêques. Quant aux explications données par la cour de Rome et par la communauté elle-même, il n'en fut tenu nul compte.

On commença d'abord par considérer comme nulles les lois ecclésiastiques et les censures juridiquement prononcées par le chef du catholicisme, contre la conduite illégale et antireligieuse de quelques prêtres; ensuite, sous prétexte d'une fidélité politique, le gouvernement couvrit de sa protection leurs fautes ecclésiastiques et dogmatiques; bref il s'empressa d'allumer et d'étendre de toutes manières le feu de la rébellion dans la capitale, aussi bien que dans les provinces de l'empire.

Sur les bases d'une nouvelle secte, la Sublime-Porte n'hésita pas de constituer l'Église des dissidents avec un patriarcat catholique dans la personne d'un prêtre expulsé du sein de la catholicité.

Ce fut alors que la vraie communauté et l'Église arménienne catholique fut officiellement supprimée en Turquie; ses évêques, au nombre de dix-sept, ont été dépouillés de leur caractère officiel, et son patriarche, Mgr Hassoun, qui avait rendu, pendant trente années environ, des services signalés au gouvernement du sultan, aussi bien qu'à sa nation, a été arbitrairement expulsé du territoire ottoman. Non content de tout cela, le gouvernement du sultan, dans le but d'arriver à la réalisation de la fusion de la communauté arménienne catholique avec la nouvelle secte, n'hésita point à faire violence à la conscience de ses sujets catholiques, en les poussant à la perversion officielle et en les privant de leur existence religieuse, civile et politique.

Sur ces entrefaites, les églises de Diarbékir et de Kilis, qui avaient été bâties aux frais des œuvres pieuses de l'Occident, et celle d'Adana construite par la subvention de la famille impériale d'Autriche, étaient assaillies par les soldats turcs, occupées par force armée et remises entre les mains des dissidents.

Au mont Liban, l'église et le couvent de Bzommar, après avoir été bloqués pendant quelque temps, ont été de même pris de vive force par les soldats turcs et consignés aux kupélianistes avec leurs revenus. La communauté de Bzommar, chassée de son couvent par la police, s'est vue contrainte d'errer sur la montagne, sans abri, et de tendre la main à la charité publique.

Les églises et les écoles ont été fermées; en outre, il a été fait défense de construire de nouvelles églises et de nouvelles écoles, ou de réparer celles qui existaient déjà dans toutes les parties de l'empire.

Le gouvernement du sultan, enhardi par ces faits impunément accomplis, a mis la main sur les dons nombreux faits par testament à la nation catholique, ainsi que sur d'autres donations qui avaient été destinées à des œuvres de bienfaisance.

Pareillement, dans le but de troubler la paix des catholiques, la Sublime-Porte a envoyé des prêtres excommuniés dans les provinces, en leur livrant des firmans impériaux et en les recommandant à l'appui spécial des gouverneurs et des montusuroufs.

La violence du gouvernement est arrivée au point d'empêcher l'envoi des prêtres catholiques dans les localités qui contenaient des populations catholiques, de mettre sous séquestre la vente et le transfert d'immeubles particuliers, d'user d'exactions et d'arbitraire dans les affaires qui auraient été réglées par la voie juridique, et de retirer, enfin, les secours alimentaires accordés, *ab antiquo,* par le gouvernement lui-même à l'hôpital et aux écoles, ainsi qu'à l'orphelinat dirigé par les religieuses arméniennes catholiques.

Au milieu d'une pareille persécution, la communauté ne cessait pas de présenter ses plaintes et ses protestations à la Sublime-Porte, au nom de la liberté de conscience et du libre exercice du culte. Le Saint-Siége lui-même s'empressa, en plusieurs circonstances, de faire parvenir au gouvernement du sultan des recommandations pour le ramener à sa politique traditionnelle et à ses engagements pris vis-à-vis des puissances chrétiennes par le hat impérial enregistré dans l'article IV du traité de Paris. Cependant la Porte Ottomane, restée dans les mains de ministres à courte vue ou ignorants, rejeta tout ce qui pouvait maintenir sa dignité et sauvegarder la foi aux traités. Ainsi la lettre autographe du Saint-Père à S. M. I. le sultan, sous la date du 18 septembre 1872, et sa magnifique lettre encyclique du 6 janvier 1873, lesquelles contenaient des explications et des garanties solennelles et officielles données au sultan et à son gouvernement, ainsi que les lettres de S. Ém. le cardinal Antonelli envoyées à la Sublime-Porte, et les nombreuses requêtes présentées plus d'une fois par la communauté elle-même, n'aboutirent qu'à endurcir davantage les ministres turcs dans leur système d'oppression contre les catholiques.

La persécution était arrivée à son paroxysme quand cette communauté, abandonnée par les puissances signataires du traité de Paris, leva toute entière les mains et la voix envers ses oppresseurs pour en obtenir enfin justice. Par l'entremise de son clergé, elle présenta, le 30 décembre 1873, une pétition à la Sublime-Porte, dans laquelle, après avoir énuméré les faits scandaleux et attentatoires aux clauses du hat impérial et du traité de Paris, elle demandait la revendication de ses droits ou du moins l'autorisation d'émigrer.

On disait dans la pétition : « Enfin, tout en subissant
« l'exil et la persécution, nous ne nous séparerons jamais
« ni de nos devoirs de fidélité envers notre auguste souve-
« rain, ni de la soumission spirituelle du Saint-Siége ro-
« main.

« Si notre qualité de sujets et notre religion ne peuvent
« s'allier l'une à l'autre dans les États impériaux, nous sup-
« plions Votre Altesse, au nom de Dieu et pour la gloire de
« notre glorieux et bien-aimé souverain, de nous faire con-
« naître, le plus tôt possible, celle que vous voulez nous im-
« poser de garder et celle que vous nous imposez d'aban-
« donner. Nous la supplions de ne pas laisser cette situation
« se prolonger, mais bien de rendre à notre nation son exis-
« tence légale comme par le passé, et de réhabiliter ses
« chefs spirituels, déposés ou exilés sans qu'ils aient commis
« aucune faute.

« Enfin, si l'on décidait de ne pas nous faire justice et de

« ne pas nous réintégrer dans notre vie civile et religieuse,
« Votre Altesse n'a qu'à donner les ordres nécessaires pour
« nous envoyer tous en exil, dans tel endroit que le gouver-
« nement indiquera. Mais, avant de nous éloigner de notre
« chère patrie et de notre auguste souverain, nous prions
« Votre Altesse de déposer au pied de son trône notre hum-
« ble supplique, qui présentera à Sa Majesté le triste tableau
« de notre lamentable situation. »

Sur cette démarche énergique et décisive du clergé de Constantinople et des délégués de dix-sept diocèses du patriarcat arménien-catholique, l'ex-grand vizir Rouchedi pacha Chirvani et Rachid pacha, ministre des affaires étrangères, qui étaient convenus de terminer la question arménienne dans l'intérêt même du gouvernement, prirent en considération les plaintes des catholiques, et ils invitèrent, le 4 janvier 1874, Mgr Azarian, vicaire patriarcal, et son secrétaire, l'abbé Asgian, ainsi que deux des notables arméniens catholiques, à se présenter devant le conseil des ministres. A leur tour, deux ecclésiastiques et deux laïques dissidents furent invités audit conseil le même jour, après les premiers.

En invitant dans le conseil des ministres les délégués des deux partis, le grand vizir et le ministre des affaires étrangères avaient en vue de faire plaider à chaque parti sa cause et d'arriver à obtenir le suffrage unanime des ministres, pour préparer ainsi la voie à une solution juste et équitable, sans avoir l'air de céder à la pression étrangère de telle ou telle ambassade.

En effet, Mgr Azarian, aidé par ses compagnons, fit la plaidoirie la plus éloquente pour la cause catholique, produisant une à une des pièces de conviction et des documents qui démontrèrent la fausseté des accusations des ministres et des dissidents, et dont la plupart portaient les signatures des principaux laïques et ecclésiastiques kupélianistes. Tous ces documents passèrent sous les yeux des ministres, de sorte que les difficultés soulevées contre la bulle *Reversurus*, et en particulier contre l'élection des évêques, la présentation de la liste de trois candidats au Saint-Siége, l'administration des biens de la fabrique, et la question concernant la personne de Mgr Hassoun, furent présentées et débattues de la manière la plus satisfaisante. Le conseil, après avoir laissé aux dissidents toute latitude de soutenir en pleine liberté leurs accusations contre les catholiques, donna sa pleine et unanime adhésion aux mêmes catholiques, et il se déclara, y compris Hussein-Avni pacha, alors simple ministre de la guerre, très-ouvertement convaincu et persuadé de l'injustice de la cause des kupélianistes.

Bien plus, afin de donner satisfaction publique aux catholiques calomniés par leurs adversaires et opprimés injustement, le grand vizir et le ministre des affaires étrangères invitèrent Mgr Azarian et son secrétaire, l'abbé Asgian, au dîner qui devait avoir lieu le même soir chez le grand vizir lui-même.

Aussitôt après le dîner, les ministres étant réunis de nouveau en conseil pour déterminer le mode de la reconnaissance séparée de l'Église arménienne-catholique, indépendamment de celle des néo-schismatiques, les deux ecclésiastiques, munis de nouvelles pièces, se présentèrent de nouveau devant le conseil, et, après avoir répondu aux difficultés nouvellement soulevées par quelques ministres en produisant des documents officiels signés par Réchid, Fuad et Aali pacha, ils quittèrent à minuit le palais du grand vizir, pleins d'espoir et de confiance dans la loyauté des ministres ottomans. Ils comptaient si bien sur la promesse unanimement donnée par les ministres de terminer la question arménienne, qu'ils vinrent rendre compte à la nation du succès de leur cause, ainsi que des honneurs que leur avait fait rendre en cette circonstance le gouvernement du sultan.

Dès ce jour, la nation avait acquis un droit incontestable sur le gouvernement, et elle n'attendait que la réalisation des promesses qu'elle avait reçues de sa délivrance immédiate. Elle y devait d'autant plus compter que le sultan lui-même avait déclaré à l'ambassadeur de France, ainsi que l'ont publié plusieurs journaux d'Europe, que la question arménienne était purement religieuse, que c'était à tort qu'on y avait mêlé les droits de l'État, que la reconnaissance officielle de la communauté catholique, séparément de celle des dissidents, était d'une nécessité incontestable, que l'exil de Mgr Hassoun avait été précipitamment et injustement arrêté et exécuté par son gouvernement, et qu'il considérait comme catholiques ceux qui étaient soumis au Pape.

Eh bien, ces déclarations de S. M. I. le sultan, ainsi que les assurances données par son gouvernement à plusieurs représentants des puissances étrangères aussitôt après la victoire remportée par les catholiques sur les dissidents, n'aboutirent qu'à rendre plus grave et plus épouvantable la persécution que Hussein Avni pacha inaugura dès qu'il réussit à renverser le cabinet Ruchdi-Rachid, en se servant à cet effet du différend même arménien-catholique, comme nous le verrons au chapitre suivant.

Et maintenant, après cet exposé, ne sommes-nous pas autorisés à conclure qu'au point de vue du droit comme des faits, c'est la Porte Ottomane qui a déclaré la guerre contre le Saint-Siége et la nationalité arménienne-catholique?

V

Les manœuvres et les actes arbitraires du grand vizir.

Hussein Avni pacha, ministre de la guerre, tout en étant forcé de reconnaître, d'accord avec ses collègues, la légitimité des droits des Arméniens catholiques et l'injustice des accusations des néo-schismatiques, ne cessait pas d'empêcher qu'il fût donné suite à la réparation due aux catholiques; en cela, il suivait les exhortations et les conseils du muterdjim Ruchdi pacha, qui souffrait de voir le triomphe des catholiques remporté devant les conseils des ministres. C'est alors que les dissidents battus eurent recours, très-probablement sur les conseils de Hussein Avni pacha et du muterdjim Ruchdi pacha, à M. d'Eichman, alors ministre d'Allemagne à Constantinople. Ce dernier prit fait et cause pour les dissidents, et Hussein Avni pacha, s'appuyant de son influence, qu'il a su exploiter habilement auprès du sultan, se déclara contre les catholiques. Son but avoué était d'empêcher l'exécution de la décision finale que le grand vizir, Chirvani Ruchdi, et Rachid pacha, ministre des affaires étrangères, avaient déjà prise en plein conseil des ministres pour émanciper les Arméniens de l'oppression des kupélianistes, afin de leur accorder la liberté de conscience et le libre exercice du culte, jusque-là foulés aux pieds par le gouvernement du sultan.

Il serait long de relater ici les scandales qui eurent lieu à ce propos dans le conseil des ministres, et les intrigues que noua Hussein Avni, au palais même du sultan, pour renverser le grand vizir Chirvani. Il suffit de dire que les mensonges, les calomnies, les accusations et les incriminations dont se servit Avni pour apporter une nouvelle confusion dans cette affaire, afin d'éloigner, d'après les ordres arrivés de Berlin, l'intervention amicale de la France en faveur des catholiques, et de repousser la juridiction spirituelle du Saint-Siége sur les Églises catholiques de l'Orient, furent la cause de la chute de Ruchdi pacha Chirvani et de la nomination d'Avni au poste du grand viziriat, survenues le 14 février 1874.

Ce fut un jour funeste pour les Arméniens catholiques aussi bien que pour la Turquie elle-même.

Au moment où le nouveau grand vizir s'emparait des rênes de l'administration publique de l'empire ottoman, la cause des Arméniens, plaidée devant le tribunal du gouvernement du sultan, était déjà, comme nous l'avons vu, une cause gagnée, car le projet de la séparation de leur communauté de celle des dissidents, arrêté dans le conseil des ministres, n'attendait plus que la sanction impériale.

Avni, fidèle à ses engagements vis-à-vis de M. d'Eichmann, et au serment de détruire l'œuvre de Chirvani et d'humilier la France, Avni, disons-nous, pour venir en aide à la faiblesse de son esprit, tourna les yeux vers l'auteur du mémoire, l'ex-grand vizir Ruchdi muterdjin, lequel s'arroge la réputation d'être le plus fin diplomate de Turquie pour avoir établi le schisme arménien sur la base de l'indépendance de l'empire ottoman. D'accord avec lui, il détermina le mode de la séparation des catholiques, qui fut sanctionné par l'iradé impérial le 28 février 1874.

En vertu de cet iradé impérial, la communauté arménienne-catholique n'était plus pour le gouvernement qu'un groupe de hassounistes séparés de l'Église arménienne-catholique. C'est ce qui résulte aussi de la circulaire du 28 février, adressée par Avni à tous les gouverneurs des provinces de l'empire.

C'est pour la première fois qu'on voyait, dans les annales de la Turquie, la Porte Ottomane s'arroger le droit d'infliger une pareille punition à ses sujets chrétiens. Mais c'était peu de lui ravir son nom. La vraie communauté arménienne-catholique, expulsée du catholicisme par le chef des mahométans et déchue de tous les droits et priviléges reconnus par le gouvernement à toutes les communautés dans l'empire, fut privée aussi, en vertu du décret impérial, d'une administration centrale, de sorte que les parties dont ce groupe est composé étant dispersées çà et là dans les provinces de l'empire ottoman, devaient être considérées comme absolument isolées et détachées l'une de l'autre et n'ayant aucune relation entre elles. Chaque partie de ce groupe devait en outre avoir un *vékil,* c'est-à-dire vicaire, pris au sein des laïques, dont la charge était d'administrer les affaires courantes, et cela sans pouvoir néanmoins prendre place dans les conseils provinciaux, non plus que correspondre avec la Sublime-Porte ou avec le vékil de la capitale.

De plus, les droits comme les priviléges spirituels et civils de la hiérarchie ecclésiastique de la nation arménienne-catholique ayant été supprimés pour les hassounistes, leurs évêques et leurs prêtres ne devaient pas être reconnus comme tels, ni être admis comme membres dans les conseils de provinces. Des commissions devaient être nommées par le gouvernement pour le partage des églises et des biens de la fabrique des églises.

Enfin les Arméniens catholiques, dépouillés de leur nom de religion et de nationalité, devaient être traités comme des parias, et mis au ban des communautés chrétiennes de la Turquie et hors la loi, sous la surveillance immédiate des gouverneurs, comme des gens suspects.

Ce fut sous ces conditions humiliantes, injurieuses et iniques, qu'Avni pacha força Pousant effendi thinghir de prendre la fonction de vékil des hassounistes de la capitale.

Mais ce personnage, bien digne de toute la sympathie des Arméniens catholiques, s'opposa courageusement aux prétentions du nouveau grand vizir et donna sa démission.

Après la promulgation de cet iradé impérial et l'expédition de la circulaire du grand vizir, les cent mille Arméniens catholiques répandus dans l'empire ottoman tombèrent au pouvoir d'un maître qui ne devait pas reculer devant le terrorisme militaire pour imposer sa tyrannie. Afin de leur enlever tous les moyens de défense, il défendit aux ministres et à tous les fonctionnaires de la Sublime-Porte d'avoir des relations avec les membres du clergé catholique ou de leur accorder audience sous quelque prétexte que ce soit. Toutes les requêtes ou pétitions relatives à cette question, présentées par la nation au gouvernement du sultan, devaient être rejetées et repoussées. Pour couper court à toute tentative des catholiques de présenter des plaintes au sultan, il ordonna à la garde impériale qui l'escorte de ne laisser personne approcher de lui. Il donna aussi l'autorisation à Kupélian de faire mettre sous séquestre tous les immeubles inscrits au nom des notables restés fidèles au Saint-Siége, sous prétexte que lesdits immeubles appartenaient à la communauté reconnue comme *la seule catholique* par la Sublime-Porte, et qu'ils pourraient être aliénés à l'insu du pseudo-patriarche propriétaire desdits immeubles. Ainsi, à l'heure qu'il est, les notables Arméniens catholiques ne peuvent disposer de leurs propriétés qu'avec l'agrément de Kupélian.

On comprend la gêne et les dommages qui en résultent pour eux. Aussi voulait-on par là obliger les Arméniens catholiques à reconnaître Kupélian comme patriarche catholique. Mais ce fut peine perdue, car les notables, ne voulant à aucun prix reconnaître la juridiction de l'intrus, renoncèrent à rien acheter, à rien vendre.

Pareillement, les journaux de Constantinople, ainsi que ceux des provinces de l'empire, reçurent l'ordre de ne pas publier des nouvelles arméniennes. Le seul journal français qui ait pris la défense à Constantinople des intérêts de la nationalité arménienne-catholique, *le Courrier d'Orient*, fut suspendu deux fois pour trois mois. L'agence Havas elle-même ne pouvait transmettre à l'Europe la nouvelle des invasions des églises et des écoles que par la voie de Syra ou bien par celle d'Odessa.

Ainsi, en présence de l'Europe, aujourd'hui spectatrice impassible, indifférente ou émue des souffrances arméniennes, Hussein Avni déclara la persécution en permanence contre les Arméniens catholiques.

Il nomma à la Sublime-Porte, au mois de mars 1874, une commission pour le partage des églises et des biens de la fabrique, composée de deux membres de chaque communauté chrétienne, et présidée par Niazi effendi, chancelier du divan impérial, un des ennemis les plus acharnés du christianisme.

Il est inutile de dire que le droit de possession des églises, des écoles et des établissements nationaux des communautés chrétiennes en Turquie découle essentiellement, en vertu des firmans de possession édictés par la Sublime-Porte, du nom de religion et de nation dont elles sont qualifiées. C'est précisément pour cette raison que les deux membres arméniens-catholiques de ladite commission, comme délégués d'un groupe dépouillé de tous les droits religieux, nationaux et politiques, durent exposer, dès la première séance, à ladite commission, une requête par laquelle ils demandèrent quelques jours de délai pour faire accepter par le gouvernement du sultan la reconnaissance de leur nom de *catholique arménien*, afin de pouvoir se présenter à la commission munis des moyens de défense indispensables, et avec le droit reconnu de possession des églises et des biens ecclésiastiques.

Résolu de donner toutes les églises et tous les biens ecclésiastiques tant nationaux que particuliers aux kupélianistes dissidents, le grand vizir ordonna à la commission de repousser cette demande des délégués catholiques et de procéder à la décision de la question du partage.

En effet, malgré les protestations de la nation, et à l'exception de Logothète bey Aristarki, un des notables orthodoxes et membre du conseil d'État, qui, faisant preuve dans cette question de sentiments d'équité impartiale et d'indépendance de caractère, refusa de se joindre à l'avis de ses collègues, tous les membres signèrent le rapport de spoliation par lequel toutes les églises et tous les biens de la communauté, même ceux qui étaient bâtis aux frais des particuliers, se trouvant dans la capitale et dans les provinces, furent déclarés propriétés de la nouvelle secte, en vertu du bérat impérial dont elle était en possession, et qui la reconnaissait comme la seule communauté arménienne-catholique dans la personne du prêtre excommunié Kupélian, pseudo-patriarche néo-schismatique. Ainsi Husseïn Avni annulait la disposition de l'iradé impérial primitif, qui ordonnait le partage des biens entre les deux partis.

Sur ce rapport approuvé et sanctionné par le gouvernement du sultan, Avni pacha imposa aux notables arméniens-catholiques de livrer aux kupélianistes l'église mère de Saint-Sauveur à Galata, véritable basilique, objet, à cause de cela, d'une vénération particulière, parce qu'elle a été érigée et consacrée en 1830, lorsque la nation, grâce à l'intervention de la France et de la Russie, obtint, par le traité d'Andrinople, son émancipation civile et religieuse.

Cette église, défendue plus d'une fois par les catholiques contre les agressions des dissidents protégés par la gendarmerie ottomane, était fermée depuis deux ans. A la nouvelle d'une pareille prétention du grand vizir, la nation tout entière éleva sans retard les plus vives plaintes et protestations, et elle se réunit en assemblée générale pour repousser un pareil ordre, non moins attentatoire à sa religion qu'à ses droits. Une députation des notables se rendit immédiatement, le premier jour d'avril 1874, chez le grand vizir, pour lui présenter la pétition de la communauté, signée par trois mille catholiques. Avni la rejeta et ne fit que répéter l'ordre de livrer l'église aux dissidents. Sur ce, la nation se décida à faire toute la résistance possible aux sommations et aux intimidations de la Sublime-Porte. En effet, lorsque le grand vizir envoya son aide de camp avec quelques gendarmes pour prendre l'église et la livrer aux kupélianistes, une foule d'hommes et de femmes qui, dès le matin, avaient déjà entouré l'église, repoussa l'officier de service. Ce fut alors que les Maltais, les Hellènes et les Croates s'unirent aux Arméniens catholiques, afin de défendre l'église, dont Hussein Avni avait menacé de faire une écurie ou bien une mosquée.

La situation, de jour en jour s'aggravait, de sorte que la plupart des ambassades s'en émurent; en effet, pendant que les étrangers présentaient à leurs ministres respectifs des pétitions pour qu'ils vinssent en aide aux Arméniens catholiques, le conflit entre les chrétiens et les musulmans paraissait tout près d'éclater. Hussein Avni, exploitant ces alarmes, en rendit responsables les notables Arméniens, qui gémissaient déjà sous le poids d'une situation grave, laquelle devenait d'autant plus terrible qu'elle traînait en longueur. Ce fut alors que, sur le conseil de quelques représentants des puissances étrangères, le grand vizir proposa aux notables, comme *ultimatum,* de laisser l'église de Saint-Sauveur en dépôt entre les mains du gouvernement du Sultan, qui s'engagerait à ne la céder à personne. Il fit de cette proposition une *mesure d'ordre public,* pour prévenir, à ce qu'il disait, l'effusion du sang qui, grâce à ses intrigues, était inévitable.

En vue de soustraire la nation à ce dernier désastre, les notables consentirent à ce qu'après une déclaration officielle et authentique du gouvernement, un poste militaire fût établi dans la cour de l'église. En effet, ladite déclaration arrêtée en conseil des ministres et munie du sceau du divan impérial, fut remise aux députés catholiques, qui à leur tour n'hésitèrent point à permettre l'installation d'un piquet de gendarmes dans la cour de l'église, tout en fermant les portes et en gardant les clefs.

Cependant Avni pacha, bien qu'il se fût engagé *par écrit* à ne point livrer l'église aux kupélianistes, essayait de trouver des prétextes pour violer la foi au dépôt.

A cet effet, tantôt il condamnait les notables Arméniens catholiques comme des *rebelles*, tantôt il les caressait par des promesses flatteuses pour les attirer dans le piége qu'il avait préparé. Enfin il leur imposa de se réconcilier avec leurs persécuteurs. Mais les notables, ainsi odieusement harcelés par Avni, repoussèrent les conditions attentatoires à leur religion, ainsi qu'aux droits de leur communauté, consacrés *ab antiquo,* proposées par les kupélianistes.

A la suite de cet échec, il fallait tenter autre chose. Sans plus tarder, Avni proposa aux deux partis un projet de lois confessionnelles composé de cinq articles, en vertu duquel il se substituait au Pape en Orient, en s'immisçant dans les choses religieuses et s'arrogeant directement la nomination confirmative ainsi que la destitution du Patriarche et des évêques, et en imposant aux catholiques de n'avoir avec le Saint-Siége d'autres relations que celles concernant le dogme.

En présence d'un aussi grave scandale donné par un ministre, infidèle à la politique traditionnelle de son gouvernement et aux devoirs que lui imposaient les engagements du hat impérial et la foi aux traités, toute la communauté arménienne-catholique éleva contre lui des plaintes et des protestations à l'encontre ; les kupélianistes, jusqu'alors jaloux de leurs prétendus priviléges usurpés par la cour de Rome, lui déclarèrent, le 2 mai 1874, qu'ils acceptaient toutes les conditions du projet et qu'ils soumettaient spontanément leur *Église indépendante* à l'autorité mahométane. Quelques représentants des puissances étrangères, ainsi que plusieurs personnages turcs haut placés, indignés de l'hypocrisie des dissidents, ne manquèrent pas de blâmer leur conduite, comme ayant établi par leur adhésion un précédent qui pourrait aussi porter préjudice aux intérêts mêmes des autres communautés chrétiennes de l'empire, et qui était attentatoire aux clauses formelles et solennelles du hat impérial de 1856. Mais les dissidents n'en eurent souci.

En attendant, le grand vizir, sous la menace de remettre les églises et les biens de la nation aux kupélianistes, accorda aux catholiques, le 10 mai 1874, un délai de quelques jours pour donner une réponse définitive sur les lois proposées par le gouvernement, et il consentit à ce qu'ils télégraphiassent à Rome pour consulter le Saint-Siége sur les modifications qu'il y aurait à apporter relativement à l'article troisième, ayant pour but l'élection des Évêques. La Porte déclarait vouloir maintenir les autres articles intacts.

De même qu'il était absurde de supposer que le Saint-Siége pût accepter un projet dont chaque article portait atteinte aux principes du catholicisme, de même il était absurde de croire qu'il pût se faire complice, avec le gouvernement ottoman, de la violation des clauses du hat impérial enregistré dans le traité de Paris, en reconnaissant par voie de fait, dans le gouvernement ottoman, le droit de s'immiscer des affaires intérieures des églises et des communautés de l'empire ottoman.

Ce fut précisément dans ce sens que le cardinal Antonelli répondit au grand vizir par le mémorandum du mois de juin 1874.

L'échec du ministre était complet. Aussi, le 20 juin de la même année, Hussein Avni fit introduire, à l'aube du jour, les prêtres kupélianistes dans la cour de l'église *en dépôt*. Et comme les clefs de la basilique étaient restées chez les catholiques, il dut la faire ouvrir de force pour y installer les dissidents.

Cette violation flagrante de la foi du dépôt excita l'indignation et la méfiance générales. L'Europe, comme disait la *Liberté*, dans les temps de Rechid, Fuad et Aali, croyait aux engagements pris par la Turquie. On a su, le 20 juin, ce que valait l'engagement du gouvernement ottoman resté dans les mains de Muterdjim, Avni et Cabouli pacha.

Les représentants des puissances étrangères n'hésitèrent point à porter plainte contre cet acte *infâme, perfide* et *monstrueux*. Ce sont les termes par lesquels ils flétrissaient cet attentat. La plupart même des ministres ottomans se montrèrent fort irrités contre leurs collègues, qu'ils qualifiaient d'*apostats* de l'islamisme et de traîtres à la patrie.

En présence d'une pareille violation de la foi au dépôt, la nation arménienne-catholique crut devoir charger une députation composée de laïques et d'ecclésiastiques, de présenter à Aarifi pacha, ministre des affaires étrangères, une protestation conçue dans des termes les plus graves et signée par tous les membres de la communauté arménienne-catholique de Constantinople. C'est ce qui eut lieu le 22 juin. Quelques jours après, la Sublime-Porte, par ordre du grand vizir, essaya de rendre ladite protestation à la communauté elle-même, mais tous ses efforts échouèrent devant l'attitude inflexible et courageuse du chef de ladite députation.

En attendant, Avni pacha poursuivait l'œuvre de spoliation, de confiscation et de persécution, en expédiant des ordres télégraphiques aux gouverneurs de Diarbékir et de Trébizonde, afin d'occuper par la force militaire les églises, les écoles et les établissements pieux, ainsi que tous leurs biens et revenus des villes de Mardir, Malatia et Trébizonde.

Le sous-gouverneur de Mardir exécuta ces ordres en envahissant l'église, l'archevêché et l'école, et en chassant avec la crosse des fusils de ses soldats le peuple, le clergé, l'archevêque Mgr Nazarian, et tous les enfants de l'école. Toute la population de la ville s'émut de la situation créée à neuf mille Arméniens catholiques, dans le but de contenter les *sept* kupélianistes qui s'y trouvent administrés par un moine mikitariste de Venise et par un autre prêtre dissident. Mais rien n'y fit.

Pareillement, le sous-gouverneur de Malatia, après avoir chassé de la ville Mgr Korkorouni, archevêque de cette ville, fit enfoncer par ses soldats les portes de l'église et de l'archevêché, qui avaient été construits aux frais du prélat lui-même, ainsi qu'une inscription lapidaire mise sur la porte de l'église le constate, et ainsi que les Turcs eux-mêmes en témoignèrent devant le conseil de l'administration provinciale. Ensuite le sous-gouverneur les remit avec tous leurs biens et revenus entre les mains de *quatre* kupélianistes qui se trouvent dans cette ville *seuls* et sans prêtre. Ainsi les cinq mille Arméniens catholiques venaient d'être dépouillés de tout et privés de leur pasteur, lui qui, dans ce pays-là, avait appris aux chrétiens, aussi bien qu'aux musulmans, la culture du coton et de l'opium, dont un immense bénéfice revient, à l'heure qu'il est, au trésor impérial. Un sellier laïque succéda à l'archevêque de Malatia dans le conseil provincial et dans l'administration de l'Église et des biens ecclésiastiques. Des perquisitions ont été faites aussi par la police locale dans les maisons des catholiques, pour y chercher des effets, qu'elle prétendait être enlevés de l'église et de l'archevêché.

Quant à la violence exercée contre l'église de Trébizonde,

le gouverneur général de cet endroit, à la réception du télégramme viziriel, se présenta devant la porte du sanctuaire, dont les portes étaient fermées depuis deux ans. Un détachement de la cavalerie impériale occupa les têtes des rues, afin d'en interdire l'accès aux catholiques. Une vingtaine d'individus, escortés par les gendarmes, se mirent à en enfoncer les portes avec des grosses barres de fer. Elles ne cédaient pas. Ce fut alors qu'un vieux musulman, révolté de cet acte de sauvagerie sacrilége qui s'accomplissait par ordre du gouverneur, s'écria : « Que faites-vous là? c'est une maison « de Dieu que vous attaquez de vos coups redoutables ; le ciel « s'indignera de cet acte et en tirera vengeance. Cessez de « commettre un tel sacrilége. Ce ne sont pas les portes de « l'église que vous enfoncez, ce sont les fondements de notre « empire que vous sapez. » Mais rien ne pouvait arrêter ces Vandales ; entre les coups, les cris et les blasphèmes des soldats mahométans d'une part, et les plaintes, les protestations et les sanglots des catholiques de l'autre, après trois heures de travail, les portes cédèrent.

Dix-huit jours après cet acte de spoliation, le gouverneur prit aussi possession, par la force militaire, de la maison épiscopale, en mettant dehors l'Évêque catholique, Mgr Ghuireyhian, vieillard nonagénaire et malade ; et il s'est également saisi de l'école dirigée par les religieuses arméniennes ; il les fit mettre dehors et livra le tout aux kupélianistes, bien que l'évêché et l'école eussent été construits aux frais de l'Évêque lui-même. Une perquisition des plus scandaleuses fut faite aussi par la police locale dans les maisons de quelques catholiques, sous prétexte d'y chercher des effets enlevés de l'école et de l'évêché.

Sur ces entrefaites, l'église et la maison du curé, sises à Husnimanzur près de Malatia, furent occupées par les gendarmes, bien qu'on n'y trouvât pas de dissidents.

Pareillement, le gouverneur général de Diarbekir, par

ordre officiel, livra l'église de Tchincouche (Mésopotamie) à l'envoyé de Kupélian. Elle avait été construite au moyen des économies et des privations que s'était imposées, pendant nombre d'années, l'évêque arménien de Karpourt, Mgr Israëlian.

CONCLUSION

Nous avons suivi, dans son ensemble, le conflit arménien catholique ; nous l'avons examiné tant au point de vue du droit international que de la justice sociale, et nous en avons exposé les faits lamentables qui se sont produits depuis quelque temps. L'Europe a senti avec indignation le contre-coup de ces événements. La presse s'en est sérieusement occupée, et tous ses organes lui ont consacré des articles importants. Le *Journal des Débats* lui-même a publié là-dessus des articles très-remarquables pleins de considérations graves et judicieuses.

Dans l'état où en sont les choses, aucun homme politique ne saurait méconnaître la gravité des conséquences qu'une pareille question pourrait soulever en Europe dans un avenir plus ou moins prochain. En effet, de tout ce que nous venons d'établir, il ressort clairement :

1° Que le traité de Paris, qui a garanti à l'empire ottoman son existence, en l'admettant parmi le concert européen, et en lui imposant certaines obligations, subit à l'heure qu'il est une violation flagrante par le fait de la puissance qui continue toujours à en bénéficier.

2° Que le système fondamental et traditionnel, en Turquie,

de la non-immixtion dans les affaires religieuses des communautés, système qui, créé par le conquérant de Constantinople, a valu une paix de quelques siècles à l'empire turc ; ce système fait place, grâce à la nouvelle ligne de conduite de Mahmoud, Servir, Muterdjim, Avni et Cabouli, à une politique opposée, de nature à produire un résultat contraire.

En présence de ces deux faits, qui menacent de périls imminents tant intérieurs qu'extérieurs, l'existence même de l'empire ottoman, quel est le devoir des puissances qui ont apposé leur signature au traité de Paris et versé leur sang sur les champs de Crimée? C'est incontestablement, sans perte de temps, d'arrêter le gouvernement turc sur la pente fatale où il veut se glisser, et où il trouverait dans un temps plus ou moins éloigné sa ruine inévitable.

Oui, il est non-seulement du droit, mais du devoir des puissances européennes d'intervenir sérieusement, pour éviter à l'Europe et à l'Orient les malheurs d'une catastrophe que la politique insensée de quelques ministres turcs ne tarderait pas à attirer.

Si l'article IX du traité de Paris, ainsi qu'on a voulu l'insinuer, a interdit aux puissances de s'immiscer dans les affaires intérieures de la Turquie, il ne s'applique nullement, quand il s'agit de sauvegarder le principe même de ce traité, dont l'existence est en jeu présentement, grâce aux coups que le gouvernement du sultan ne cesse d'y donner; pour l'Europe, il ne s'agit que de le maintenir intact et debout, ou bien de le dénoncer et de le déclarer périmé. Entourer de respect cet acte, alors même qu'on le viole dans son essence et dans son esprit, c'est manquer non moins de logique que de bonne foi.

S'il plaît à la Turquie de ne pas remplir tous les engagements contractés dans un acte synallagmatique et bilatéral, il ne tient aussi qu'aux puissances signataires de se déclarer, à leur tour, dégagées et complétement libres vis-à-vis de la

Turquie, en se réservant, dans l'avenir, de prendre telle attitude qui pourra le mieux servir leurs intérêts.

Un accord commun, combiné entre les puissances vis-à-vis de la Turquie, aurait pour effet immédiat de détourner les ministres ottomans de cette fausse voie, sauverait les populations chrétiennes en proie aux plus odieuses souffrances et assurerait aussi l'exécution loyale du hatti-humayoun garanti par le traité de Paris; le péril serait ainsi conjuré. Nous avons la confiance que les puissances chrétiennes n'abdiqueront ni leurs droits, ni leurs devoirs, et qu'elles aviseront aux moyens de faire triompher la cause de la liberté religieuse, de la justice civile, de l'équité sociale.

Nous finirons par une dernière considération. Du moment qu'on en vient présentement à vouloir désintéresser la France du noble rôle qui fut toujours le sien et qui consiste à défendre les intérêts chrétiens en Orient; du moment que la politique mesquinement jalouse de M. de Bismark refuse à son adversaire politique d'exercer sa mission traditionnelle, à savoir de plaider devant les musulmans la liberté de conscience en faveur des chrétiens, dès lors on ne doit pas ignorer que la cause des chrétiens en Turquie a su trouver un autre défenseur. Le gouvernement de Saint-Pétersbourg, depuis le traité de Kaïnardji jusqu'au traité de Paris, n'a cessé de plaider énergiquement la cause de tous les chrétiens contre la barbarie mahométane. Disons, en passant, que dans le traité d'Andrinople, l'empereur Nicolas a su imposer aux Turcs une clause pour la liberté des catholiques arméniens, voués, hélas! alors comme aujourd'hui, à la plus cruelle persécution. L'empereur Alexandre semble vouloir continuer ces exemples et chercher même à les étendre.

Voudra-t-on en Occident se déclarer indifférent à cette grave question et laisser à la Russie seule le droit et la tâche, dans l'avenir, de veiller à ces intérêts?

Si l'on se croit libre d'agir ainsi, rien ne devra plus

nous étonner; mais qu'on y prenne garde, agir de la sorte, c'est donner droit au cabinet de Saint-Pétersbourg, qui suit d'une manière scrupuleuse tous ces événements, et qui en prend acte, d'invoquer, à un moment voulu, comme juge, l'univers entier, et de conformer sa politique active à la nouvelle marche des choses en Orient.

APPENDIX

PIÈCES JUSTIFICATIVES

I

Circulaire *d'Avni pacha aux gouverneurs généraux des vilayets de l'empire* 16/28 *février* 1854.

Le gouvernement impérial avait précédemment rejeté l'écrit (1) dénommé *Reversurus,* qui abrogeait le système légal et régulier existant depuis l'établissement du patriarcat arménien catholique, et qui contenait une foule d'autres dispositions préjudiciables. Le même gouvernement impérial avait destitué et expulsé Mgr Hassoun, qui, dans cet intervalle, gérant les fonctions du Patriarche de la nation arménienne catholique, avait osé mettre en vigueur ledit écrit *Reversurus,* et, par une conduite contraire aux us et coutumes de ladite nation, avait semé la discorde dans le sein de la même communauté. Sur cela, le gouvernement impérial avait résolu et nommé, deux ans auparavant, par bérat impérial, patriarche arménien catholique, Mgr Oscar Kupelian. Et bien que dès lors il fût nécessaire, conformément à cette résolution, d'ordonner l'application générale de cette mesure dans toute l'étendue des provinces, bien qu'il fût naturel que le gou-

(1) C'est la bulle pontificale qui, par mépris, est désignée par ce terme d'*écrit*.

vernement impérial ne reconnût pas ceux qui s'opposaient audit patriarche; toutefois, par différents motifs, cette application générale avait été retardée jusqu'à présent. En même temps la discorde existant au sein de la communauté n'avait pas disparu, et un groupe, se donnant le nom de *hassounistes,* était resté en dehors dudit patriarcat; or, la légalité de l'office patriarcal de Mgr Kupelian, et la droiture et la justice des réclamations et des opinions de son peuple (kupélianiste) étaient pour le gouvernement ottoman hors de contestation. De son côté, le groupe hassouniste persistait dans ses prétentions; pour cette raison, leur fusion n'étant pas possible pour le moment, et comme ce groupe hassouniste ne cessait de se plaindre, que leurs affaires particulières demeuraient en souffrance et qu'une foule de difficultés entravaient l'expédition de ces affaires, en conséquence, conformément aux intentions bienveillantes de S. M. I. le Sultan, qui désire la tranquillité et la prospérité de tous ses sujets, il a été résolu que les chefs religieux des hassounistes ne seront pas reconnus par le gouvernement et ne seront pas admis comme membres dans les conseils des provinces, mais que, soit à Constantinople, soit dans les provinces, il sera nommé un vékil (vicaire) par l'autorité locale, choisi parmi les laïques notables doués de prudence et de droiture pour gérer les affaires courantes de ce groupe, et, de même que le vékil de Constantinople aura naturellement recours à la Sublime Porte, de même les vékils dans les provinces auront recours aux autorités locales pour l'expédition des affaires courantes. Quant au partage des églises et à la répartition des biens résultant de cette séparation, il a été décidé que, pour aviser aux particularités de ce partage, et pour ne pas laisser à qui que ce soit lieu de se plaindre avec raison, une commission doit être instituée. Elle sera composée de membres des deux partis et d'autres personnes qui seront jugées à propos. Ces dispositions, à la suite de la décision ministérielle, ayant été soumises à la sanction impériale et en ayant été investies, on a nommé à Constantinople un vékil pour l'expédition des affaires courantes du groupe des hassounistes, et la commission précitée est sur le point d'être convoquée incessamment. Par conséquent, il est nécessaire que, dans les provinces où il existe des hassounistes, des vékils soient nommés de même pour gérer leurs affaires ordinaires. Les vékils seront nommés par l'autorité et seront pris parmi ceux des notables laïques qui seront agréés de leur parti, à condition que les chefs religieux du même parti ne seront pas reconnus gouvernementalement, et ne seront pas admis en qualité de membres dans les conseils provinciaux.

Veuillez donc agir conformément aux dispositions précitées et donner avis analogue à toutes les localités soumises à votre gouvernement où se trouveraient des groupes de hassounistes *séparés de la nation catholique*.

Husseïn Avni.

II

Mémorandum du cardinal Antonelli, envoyé au grand vizir Avni pacha, au mois de juin 1874.

La condition dans laquelle, depuis quelques années, se trouvent les catholiques arméniens sujets de S. M. le Sultan, a constamment appelé toute l'attention et tous les soins du Saint-Siége. Et c'est pour venir en aide aux besoins si graves et si urgents de ces catholiques, que le Saint-Siége a cru plusieurs fois nécessaire de s'adresser à la Sublime-Porte, soit directement, soit en invoquant la médiation des puissances qui ont protégé depuis bien des siècles les intérêts catholiques en Orient, et qui, dernièrement encore, ont été par le gouvernement ottoman lui-même invitées à prendre acte de ses bienveillantes dispositions et de sa loyauté envers les populations chrétiennes de son empire. On a cru parfois que ces démarches allaient obtenir l'effet désiré, et récemment encore on put espérer qu'un avenir meilleur était réservé à la nation arménienne catholique, lorsqu'on donna à entendre que S. M. le Sultan avait résolu de lui rendre son autonomie et ses anciens priviléges, en séparant la communauté catholique arménienne d'avec ceux de ses membres qui, ayant méconnu l'autorité du chef suprême de leur religion, ne pouvaient et ne devaient plus être regardés comme catholiques. Mais la publication qui suivit de l'acte du gouvernement ottoman ne réalisa malheureusement pas cet espoir. On vit en effet que cet acte accordait au petit nombre des dissidents tous les droits et tous les priviléges réservés exclusivement aux catholiques, tandis que ceux-ci, qui cependant forment la grande majorité de la nation, étaient traités comme une fraction méprisable et réduits à une condition inférieure à celle de toute autre communauté chrétienne établie dans l'empire. En attendant, les catholiques arméniens, appuyés sur cette force que donne la conscience de ne pas manquer aux devoirs toujours religieusement remplis de sujets fidèles et respectueux envers S. M. le Sultan, n'ont jamais cessé de réclamer contre les mesures prises à leur égard, en déclarant qu'ils ne pouvaient pas, même au risque de leur liberté et de leur vie, céder les biens et les églises qui sont la propriété exclusive des vrais catholiques. A ces réclamations, le Saint-Siége n'hésita pas à joindre ses remontrances, et il dut se plaindre surtout de ce que le gouvernement ottoman ne cessait de regarder et de traiter comme catholiques ces dissidents à l'égard desquels le Saint-Siége, qui en a seul le droit, avait déclaré que, par leur propre faute, ils étaient hors de la communion de l'Église catholique.

On attendait que les graves difficultés provoquées par les actes des autorités ottomanes les auraient amenées à rendre aux catholiques la justice qui leur est due, lorsque parvint à Rome un télégramme que les principaux notables arméniens catholiques, d'après les intentions de S. A. le grand vizir, venaient d'adresser à S. Ém. le cardinal préfet de la Sacrée congrégation de la Propagande. Ils communiquaient au Saint-Siége un règlement que Son Altesse elle-même avait proposé à leur acceptation, en menaçant, si dans les huit jours on ne donnait pas une réponse affirmative, de céder aux dissidents tous les biens et toutes les églises de la communauté catholique arménienne. Ce règlement est divisé en cinq articles, dont voici les dispositions :

Art. 1er. Le patriarcat de Constantinople et le titre ou bien la dignité de *catholicos* (le patriarche de Cilicie) qui précédemment étaient réunis, le seront aussi dorénavant dans la même personne, de nationalité ottomane et arméno-catholique.

Art. 2. Quand la charge patriarcale deviendra vacante, un *mahzer* (acte) général, contenant l'élection du nouveau Patriarche, sera dressé par les Évêques arméno-catholiques, le clergé et le peuple de Constantinople, puis présenté à la Sublime-Porte; et quand, après avoir été soumis à la sanction de Sa Majesté, l'iradé impérial aura été rendu, le nouveau patriarche entrera en fonctions selon les usages suivis pour les chefs des autres communautés.

Art. 3. L'élection des Évêques dans les provinces de l'empire aura lieu d'après les anciens usages suivis jusqu'en 1245 de l'hégire (1830), c'est-à-dire que, le siége de telle localité devenu vacant, le clergé et le peuple s'étant réunis, ils choisiront cinq personnes proposées ainsi pour l'épiscopat. Quand le *mahzer* (l'acte) dressé par eux, et faisant connaître leur choix, sera parvenu au patriarcat, le patriarche, sur l'avis du synode des évêques, fera choix de trois personnes parmi les cinq indiquées et présentera ce choix à la Sublime-Porte par un *tagrir* (lettre officielle) accompagné du *mahzer* (l'acte) précité. La Sublime-Porte nommera et désignera alors l'un d'eux, puis elle délivrera le bérat contenant l'investiture de celui-ci. Ces pièces seront transmises au patriarcat, et il sera procédé au sacre dudit évêque.

Art. 4. Le patriarcat et l'épiscopat étant des dignités conférées à vie, le patriarche ne pourra être destitué tant qu'on n'aura pas constaté qu'il n'a rien fait de contraire au serment prêté par lui, conformément à l'article 5 et à l'acte qu'il remettra en cette occasion. De même aucun Évêque ne pourra être destitué sans notification à la Porte par un *tagrir* (lettre officielle) du Patriarche, ou sans constatation, faite de la sorte par le gouvernement, d'un délit quelconque.

Art. 5. Avant leur investiture, les Patriarches et Évêques devront présenter à la Sublime-Porte un acte portant qu'ils s'engagent par serment à rester sujets fidèles du gouvernement, à conformer leur conduite aux lois et règlements de l'État, à administrer les biens nationaux sous le régime des lois de l'empire, enfin à n'admettre aucune espèce d'intervention extérieure, soit dans l'administration des biens susdits, soit dans toute autre chose que ce soit, à l'exception des affaires de croyance.

On fut non moins vivement surpris qu'attristé par cet événement, soit en considérant la manière tout à fait inusitée dont le gouvernement avait cru devoir agir en cette affaire, soit en considérant la teneur de l'acte lui-même, dont on imposait l'acceptation. En effet, l'on voyait ainsi qu'après les lettres et les menaces qui avaient pour but de forcer les catholiques à s'unir dans une seule communauté avec les dissidents, on faisait d'autres tentatives et d'autres menaces pour les contraindre à se conformer à la conduite des dissidents; car ceux-ci, après une faible opposition, avaient trouvé plus avantageux à leurs intérêts de déclarer qu'ils admettaient le règlement de S. A. le grand visir. Enfin, par un procédé tout à fait nouveau, des notables laïques de la communauté arménienne étaient chargés de traiter avec le Saint-Siége pour en obtenir une modification essentielle dans les rapports de l'Église arménienne avec l'autorité civile, voire dans les principes et droits de l'Église catholique elle-même.

Car il suffit d'une simple lecture du règlement en question pour se convaincre qu'il ne s'agit pas de régler les relations purement civiles qui doivent exister entre les autorités ecclésiastique et civile, et que d'anciens priviléges et usages rendent plus intimes et plus fréquentes dans l'empire ottoman. Il s'agit, au contraire, de changer la discipline générale de l'Église catholique, en s'opposant même à ses principes et à ses maximes, qui sont invariables parce qu'ils découlent des dogmes.

Personne, en effet, ne peut ignorer que l'autorité des sacrés pasteurs de tout rite catholique est pleinement indépendante de tout office civil, même des plus élevés qu'on voudrait leur confier ; de sorte que la privation ou la modification de cet office ne pourrait en aucun cas impliquer à cet égard un changement quelconque, et moins encore la cessation de leur ministère pastoral. On sait de même qu'une des maximes fondamentales de la religion catholique, c'est, sans contredit, la liberté de l'élection des sacrés pasteurs, en quelque manière qu'elle soit faite, selon les différentes règles établies et mentionnées par les lois disciplinaires de l'Église. Et puisque, parmi les dogmes principaux de cette même religion, on doit compter la communion des sacrés pasteurs, à quelque rite ou à quelque rang dans la hiérarchie ecclésiastiques qu'ils appartiennent, avec le chef suprême de l'Église catholique, et leur soumission à son magistère, personne ne pourra jamais prétendre qu'ils s'obligent à méconnaître cette vérité dans toutes ses applications, soit pour ce qui regarde la foi, soit pour ce qui se rapporte à la discipline.

Les considérations qui précèdent se présentent d'elles-mêmes, si l'on ne fait que parcourir le règlement que S. A. le grand vizir a cru devoir proposer aux Arméniens catholiques, pour que ceux-ci essayassent d'en obtenir l'approbation du Saint-Siége.

Or, si une connaissance imparfaite de ce qui regarde les principes et les lois de l'Église catholique pouvait induire en erreur les auteurs de ce nouvel acte, on devait s'étonner bien davantage en voyant les dispositions qu'il renferme si peu conformes aux engagements les plus formels et aux déclarations les plus solennelles de la Sublime-Porte elle-même.

On a vu, en effet, par ce qui précède, que le règlement en question ne vise qu'à donner au gouvernement ottoman une ingérence dans des choses qui sont du domaine purement spirituel.

Or, quand même on ne voudrait pas se rappeler qu'une telle ingérence ne fut jamais exigée dans tous les siècles passés par la Sublime-Porte, il suffirait de se reporter aux déclarations solennelles que tout le monde a pu lire dans le hat-humayum du 18 février 1856. Par cet acte si important, S. M. I. le Sultan, après avoir rappelé les anciens priviléges et immunités spirituels accordés *ab antiquo*, de la part de ses ancêtres, et à des dates postérieures, à toutes les communautés chrétiennes établies dans son empire, les confirmait et les sanctionnait, en consacrant entre autres le principe de la nomination à vie des Patriarches, et les pouvoirs reconnus jusqu'alors dans ceux-ci et dans tous les Évêques des différents rites chrétiens. — Mais le Saint-Siége garde avant tout le souvenir du résultat obtenu par la mission extraordaire que le Souverain-Pontife, avec le plein consentement de la Sublime Porte, envoya à Constantinople en 1871, en la confiant à Mgr Alexandre Franchi, archevêque de Thessalonique, maintenant cardinal de l'Église romaine et préfet de la Sacrée-Congrégation de la Propagande. Ce fut la même question religieuse arménienne qui, comme on sait, forma l'objet de cette mission, que l'on doit regarder comme une nouvelle preuve des bienveillantes dispositions qu'a toujours le Saint-Siége, de déférer autant que possible aux demandes de l'autorité civile. Le gouvernement impérial ottoman, rappelant alors ses traditions et ses engagements et ne voulant pas s'en écarter, même

dans cette occasion extraordinaire, adressa, le 27 septembre 1871, à l'ambassadeur du Saint-Siége, une note officieuse qui contenait les déclarations formelles qu'on va lire : « Le gouvernement impérial a de
« tout temps confié la gestion des affaires spirituelles des différentes
« communautés de l'empire à ces communautés elles-mêmes, et *à*
« *leurs Églises*. Tous ses actes, ainsi que le *traité de Paris lui-même*,
« le prouvent suffisamment. La Sublime-Porte a donc toujours obéi
« aux devoirs que lui imposent le soin de sa dignité et la foi aux traités,
« en s'abstenant de toute pensée et de tout acte de nature à ruiner ou
« à affaiblir ses engagements et ses promesses sacrées *par la discus-*
« *sion des questions, qui sont du domaine spirituel.* »

Ce document très-important, qui, d'un côté, honorait la Sublime-Porte, fut accueilli de l'autre avec une vive satisfaction par le Saint-Siége, et en conséquence mit fin à la mission pontificale. Personne ne pouvait craindre que le gouvernement qui signait cette note dût un jour prétendre à une ingérence quelconque dans des affaires religieuses.

Cependant, on a dû remarquer avec peine dans les actes postérieurs du gouvernement ottoman, relatifs au même différend arménien, que l'on s'écartait de ces promesses et de ces déclarations solennelles. Telle est la cause des réclamations fréquentes du Saint-Siége et de cette opposition légale, mais constante, des catholiques arméniens, soit ecclésiastiques, soit laïques. Maintenant, si l'on voulait réellement exiger, même par des menaces et des peines, l'application du règlement proposé, on devrait reconnaître que la Sublime-Porte veut à présent changer complétement sa manière d'agir suivie pendant des siècles et ne plus se borner, comme elle le disait aussi dans la note susénoncée, *à adopter…, avec les différentes classes de ses sujets, une ligne de conduite juste et équitable en ce qui concerne leur administration civile,* mais au contraire étendre aussi son ingérence *dans les questions qui sont du domaine spirituel.*

Il faut cependant espérer que ce changement n'aura pas lieu, et que la justice de S. M. le Sultan et la loyauté de S. A. le grand vizir ne permettront pas qu'on méconnaisse davantage les droits des catholiques arméniens. Ils seront toujours prêts, ces bons catholiques, à prouver de toute manière leur fidélité et leur soumission à S. M. le Sultan dans tout ce qui concerne l'ordre civil; mais ils sont de même décidés, par devoir de conscience, à se soumettre, s'il le faut, aux sacrifices les plus graves pour garder intacte la foi de leurs pères, et inébranlable l'obéissance qu'ils doivent à leurs légitimes pasteurs sacrés et au Chef de leur suprême Église, le Souverain-Pontife romain. Cette conduite bien digne de tout éloge et un examen plus attentif de leurs demandes ainsi que des déclarations et engagements formels de la Sublime-Porte feront, on doit l'espérer, abandonner le chemin périlleux dans lequel on s'est engagé, et suivre au contraire cette voie qui est indiquée par la justice aussi bien que par les traditions du gouvernement ottoman. Celui-ci pourra alors se convaincre que c'est bien contre tout droit qu'on donne encore le nom et la qualité de catholiques à ceux qui, s'insurgeant contre leurs chefs religieux légitimes, ont été justement par ceux-ci déclarés étrangers à l'Église catholique, dont ils ont méconnu les principes et l'autorité. Enfin, bien loin de regarder comme une misérable fraction, indigne du nom même de catholique, la grande majorité de la nation catholique arménienne, restée fidèle à la foi de ses pères, le gouvernement impérial devra reconnaître que c'est à elle seule qu'appartiennent les droits, les privilèges, les biens et les églises que les lois de l'empire ottoman ont toujours regardés comme propriétés de la communauté catholique arménienne, et préservés de toute atteinte. C'est donc à cette communauté, ainsi reconnue et protégée, que devra, d'après les déclarations susmentionnées de la Sublime-Porte, être confiée exclusivement, sous la dépendance de ses chefs religieux et conformément aux lois ecclésiastiques en vigueur, la gestion des affaires spirituelles, tandis que le gouvernement gardera toujours sauf et entier son droit de régler l'administration civile de ses sujets de toute religion et de tout rite.

III

ENGAGEMENT *de la Sublime-Porte pris vis-à-vis de la nation arménienne catholique pour l'église de Saint-Sauveur.*

SUBLIME-PORTE.

MINISTÈRE
des
AFFAIRES ETRANGÈRES.

S. E. . . . . (*Suivent les noms de sept notables mandataires de la communauté arménienne catholique.*)

En conséquence de l'ordre impérial, veuillez consigner l'église sise à Galata, appelée Saint-Sauveur, et se trouvant sous contestation, au fonctionnaire envoyé à cet effet par la Sublime-Porte, à condition que ladite église restera en dépôt entre les mains du gouvernement impérial, et qu'elle ne sera livrée à aucune partie.

Sceau du Divan impérial.

20 zepher 1290 (27 mars 1874).

IV

PROTESTATION *des Arméniens catholiques présentée au ministre des affaires étrangères, le* 10/22 *juin* 1874, *pour la violation de la foi au dépôt.*

EXCELLENCE,

Votre Excellence n'ignore pas qu'un document (sened) officiel, discuté et accepté en plein conseil des ministres, revêtu du sceau de la chancellerie du divan impérial, a été adressé en date du 21 zepher 1290 (27 mars 1874, V. S.), à sept notables de notre communauté, et expédié par le département que dirige Votre Excellence.

Ce document contenait la demande qui nous était faite par S. A. le grand vizir de confier à l'officier envoyé *ad hoc* par la Sublime-Porte l'église Saint-Sauveur, sise à Galata, et se trouvant sous contestation, à la condition que cette église ne serait donnée à aucune partie, mais resterait *en dépôt* entre les mains du gouvernement impérial.

Nous avons agi conformément à la teneur de ce document officiel, et depuis ce jour ladite église est demeurée en la possession du gouvernement impérial sous la foi du dépôt.

Le samedi 8/20 juin courant, à une heure de la matinée à laquelle personne ne pouvait avoir connaissance de ce qui s'accomplissait, et sans avoir prévenu les propriétaires du dépôt, on leur a enlevé ladite église, et on l'a livrée à un groupe de prêtres exclus par sentence formelle et solennelle du sein de l'Église catholique.

Cet acte, outre qu'il constitue sous tous les points de vue une atteinte grave aux droits de la foi et de la religion, en foulant aux pieds l'inviolabilité et la dignité du sanctuaire, ébranle profondément les sentiments de confiance sur lesquels repose le principe sacré du dépôt. Une telle violation de la foi du dépôt, aussi contraire aux lois religieuses musulmanes qu'aux lois civiles, est surtout en opposition flagrante avec les sentiments de justice et de piété de S. M. I. le Sultan notre auguste maître. En conséquence nous nous empressons de déclarer à Votre Excellence que, devant cette violation si ouverte du dépôt, toute notre communauté est plongée dans la désolation la plus profonde, et qu'aucun de ses membres ne cessera jamais, à aucun prix, la réhabilitation de ses droits méconnus.

V

ÉGLISES, *écoles, couvents, legs pieux et rentes immobilières des Arméniens catholiques usurpés par le gouvernement ottoman ou la force militaire, et livrés aux kupélianistes néo-schismatiques.*

	VALEUR EN FRANCS.
CONSTANTINOPLE. L'église de Saint-Sauveur, à Galata, bâtie aux frais de la communauté.........	575,000
Rentes immobilières et legs pieux de ladite église.....................	460,000
Les biens meubles de ladite église......	46,000
L'église de Saint-Jean-Chrysostome, à Péra, bâtie aux frais de la communauté......................	460,000
Les biens meubles de ladite église......	92,000
Rentes immobilières et legs pieux de l'hôpital de Saint-Jacques, à Péra...	345,000
L'église de l'Immaculée-Conception de Samatia, bâtie par la communauté, avec ses biens mobiliers et immobiliers...	345,000
L'église de Saint-Grégoire, à Ortukeny, bâtie par la communauté, avec tous ses biens mobiliers et immobiliers......	368,000
Secours alimentaires de pain et de viande enlevés aux écoles des pauvres filles de Péra et de Samatia, et à l'hôpital de Saint-Jacques, à Péra, pendant deux ans.............................	46,000
A reporter........	2,737,000

	Report............	2,737,000
Malatia.......	L'église bâtie aux frais de l'Archevêque.	184,000
	Archevêché bâti aux frais de l'Archevêque..........................	34,500
	Rentes immobilières de l'église et de l'Archevêché...................	23,000
	L'église d'Adiaman et la maison paroissiale bâtie par l'Archevêque........	23,000
Mardin.......	L'église bâtie aux frais de l'Archevêque, avec ses biens meubles............	207,000
	L'archevêché bâti aux frais de l'Archevêque..........................	46,000
Adana........	L'église bâtie aux frais de la famille impériale d'Autriche.................	69,000
	Les biens meubles de ladite église donnés au siége patriarcal.............	16,000
	École et maison paroissiale bâties dans la même ville aux frais du siége patriarcal............................	23,000
Trébizonde....	L'église bâtie aux frais de l'Évêque, avec ses biens meubles.................	115,000
	Évêché bâti aux frais de l'Évêque......	46,000
	École des pauvres filles, bâtie aux frais de l'Évêque.......	23,000
Kilis.........	Église bâtie aux frais du siége patriarcal.	23,000
Diarbékir.....	Église bâtie aux frais du siége patriarcal.	115,000
	Les rentes immobilières de ladite église.	23,000
Mont-Liban...	Le couvent et l'église de Bzommar bâtis aux frais de l'Europe et de la famille Gazër maronite....................	575,000
	A reporter............	4,282,500

	Report............	4,282,500
	Les rentes immobilières dudit couvent..	460,000
	Les biens meubles du couvent et de l'église......................	92,000
Karpourt.....	La chapelle et maison paroissiale de Tchin-conche bâties aux frais de l'Évêque de Karpourt.......................	15,000
Samsoun......	Église et maison paroissiale bâties aux frais de l'Évêque de Trébizonde......	46,000
Tarsous........	L'église et maison paroissiales bâties aux frais du siége patriarcal...........	46,000
	Legs pieux de Hurmuz..............	9,200
		4,950,700

Débours extraordinaires faits par le siége patriarcal et par la communauté pour l'entretien du culte et des établissements de bienfaisance à la suite de l'usurpation des fondations ci-dessus énoncées, après la mort d'Ali pacha jusqu'au 1ᵉʳ août 1874.............. 1,334,000

Depuis qu'a commencé l'impression de cette brochure, des faits nouveaux de persécution se sont produits qui nous obligent à compléter cette liste par les chiffres suivants :

L'église, l'évêché et les écoles de Brousse......... 138,000

L'église, l'évêché et les écoles d'Erzeroum, qui avaient été bâtis complétement aux frais de la famille Allahverdi............................ 145,000

A reporter........... 6,567,700

Report............	6,567,700
L'église, l'évêché et les écoles d'Angora...........	168,000
L'hôpital de Saint-Jacques avec toutes ses dépendances.................................	500,000
Dépenses extraordinaires pour les fous, les folles, à la suite de l'occupation de l'hôpital Saint-Jacques..	120,000
	7,355,700